In schlaflosen Nächten gefunden und gesammelt von Margarete Drachenberg

SCHLECHT SCHLAFEN KONNTE ICH SCHON IMMER GUT

EULENSPIEGEL

INHALT

BRIGITTE LEMBERGER

DER CLUB DER SCHLAFLOSEN

Wenigstens meinem Goldhamster geht es gut. Mitten in der Nacht, wenn alle in tiefem Schlummer liegen sollten, bricht sich sein Temperament Bahn. Er dreht ein paar Runden in seinem Laufrad, knabbert an seinem Futter – und auf geht's zur nächsten Runde.

Anders als ich ist er mit seinem Nachtleben offenbar hoch zufrieden. Ich hingegen hadere mit meinem Schicksal, genauer mit meinem Gehirn. Warum, in drei Teufels Namen, kann es nachts nicht Ruhe geben, wie es sich gehört? Kaum lege ich mich nieder und schließe hoffnungsvoll die Augen, beginnen die Räder in meinem Oberstübchen zu rattern. So schnell kann ich kaum denken, wie mich meine diversen Probleme und Problemchen überfallen und auf der Stelle nach einer Lösung verlangen.

Auch mein Langzeitgedächtnis ist superaktiv. Es hadert mit Eltern und Lehrern und beschwert sich über vermeintliches Unrecht, das gefühlte hundert Jahre verjährt ist. Als mein Gehirn von banal auf dramatisch schaltet und sich die Zukunft mit Verarmung, Krankheit und jedweden Schicksalsschlägen ausmalt, stehe ich entnervt auf. Heiße Milch mit Honig soll ruhig und müde machen. Haha!

Überhaupt scheine ich ziemlich resistent zu sein gegenüber jedwedem Versuch, zu einem wohligen Nachtschlaf zu gelangen. Mein Schlafzimmer ist gut gelüftet, ich habe nur ein leichtes Abendessen zu mir genommen, ein winzig kleines Glas Bier getrunken, nichts Problematisches gelesen und auch keinen Horrorfilm angeschaut. Falsch, falsch, falsch, rufen die Experten. »Trinken Sie ein Glas Rotwein vor dem Zubettgehen, ermüden Sie Ihren Geist mit einer schwierigen Lektüre oder entspannen Sie sich mit autogenem Training!« – Alles schon probiert: »Ich bin gaanz ruuhiiig, ich bin gaanz ruuhiig …« Von wegen. Ich bin überhaupt nicht ruhig, und mein Sonnengeflecht ist keineswegs strömend warm.

Mal schauen, was sich zu meinem Thema im Internet findet – das weiß doch immer alles. Neben Altbekanntem erfahre ich auch Brandneues. Zum Beispiel soll ein Bett

aus Zirbenholz positive Auswirkungen auf den Schlaf haben. Also ein neues Bett? Nein, zu teuer. Wie wäre es mit einer »Zentralsonne«, ein Gerät, das angeblich die schädlichen Einflüsse von Elektrosmog, Wasseradern und Erdstrahlen reduziert? Besser nicht, klingt irgendwie komisch. Kurz erwäge ich den Erwerb eines Wasserkopfkissens, das soll enorm entspannen. Oder doch lieber ein mit Lavendel gefülltes Säckchen aufs Kopfkissen platzieren? Das riecht gut, ist preiswert und kann garantiert nicht schaden.

Tagsüber tröste ich mich mit den einschlägigen Erfahrungen diverser Leidensgenossinnen. »Du kannst nicht gut schlafen? Hach, wem sagst du das? Wenn ich mal drei Stunden am Stück schlafe, ist das schon ein Rekord!« Oder: »Was ich schon alles geschluckt habe, das stellst du dir nicht vor!«

O doch, habe ich nämlich auch. Hilft bestenfalls temporär. Interessant übrigens der Aspekt, was wir Schlaflosen in der Nacht so alles treiben. Eine meiner Freundinnen stellt sich ans Fenster und schaut lange und trübsinnig auf die menschenleere Straße. Eine andere liest komplizierte Kochrezepte. »Probierst du sie am nächsten Tag aus?«, will ich wissen. »Ach wo, das wäre mir viel zu aufwendig«, wehrt sie ab. Nummer drei der Befragten schimpft auf das Fernsehprogramm, das nachts noch schlechter sein soll als tagsüber. »Ich poliere meine Badezimmerfliesen«, verrät Nummer vier und findet sich selbst ziemlich kurios. »Es ist so eine schön doofe Tätigkeit, bei der man völlig abschaltet. Manchmal kann ich danach einschlafen.« Kann ja sein, ist aber wohl auch nicht nach jedermanns Geschmack.

Man müsste einen Klub gründen, den »Klub der Schlaflosen«. Nachts riefe man sich gegenseitig an, hätte herrlich viel Zeit, ungestört zu ratschen und fühlte sich verstanden von wohlmeinenden Gleichgesinnten. Die Sache hat nur einen Haken: Wer weiß, vielleicht hätte die angewählte Leidensgenossin gerade eine Glücksnacht und läge ausnahmsweise in tiefem Schlummer. Wie herzlos, sie da herauszureißen. Also wieder nichts – uahh, gute Nacht.

JOHANNES CONRAD

EINE MÜHEVOLLE NACHT

Letztens war's, nachts gegen halb eins. Herbert Watzke lag im Bett und fühlte, wie er zu schweben begann. Gleich schlaf ich ein!, dachte er, denn wie der Morgennebel in der Sonne löste sich sein Bewusstsein auf – wie der Morgennebel im Erdbeerbeet. Oder wie der Morgennebel im Kirschbaum. Auf eine sympathische Weise jedenfalls. Herbert Watzkes Bett roch wohltuend nach Herbert Watzkes Bett und nach »Golden Star Aromatic Balm«, womit er sich abends immer die Brust einreibt, wenn er's auf ihr hat. Und still war die Nacht, still wie eine Melone. Und neben ihm fiepte Petra durch die Nase. Erfreut spreizten sich Herbert Watzkes dicke Zehen, und jeder Zeh sagte: »Ein Bett ist etwas Wunderbares!«

Schön war's, so friedlich wegzudrieseln. Wie der Ballon mit seiner Gondel schwamm Herbert Watzke davon. Wie eine Blütenpolle fühlte er sich.

Jedenfalls war er schon fast hinübergeduselt, da kam es ihm in den Kopf, dass er irgendetwas vergessen haben musste. Plötzlich war das im Kopf drin. An irgendetwas hatte er denken wollen!

Morgen fällt's dir ein, Herbie!, dachte Herbert Watzke beschwörend und legte sich vorsichtig auf die linke Seite, wobei sich die Schlafanzughose etwas verdrehte. Es war nicht viel, reichte aber aus, um ein leichtes Kribbeln auf

Herbert Watzkes Bauch hervorzurufen. Nicht wieder aufwachen, Herbie!, dachte er beschwörend und legte sich auf die rechte Seite zurück. Weil die Hose ja danach leider immer noch verdreht war, legte sich Herbert Watzke wieder auf die linke Seite.

Auch dabei drehte sich die Hose nicht wieder auf. Herbert Watzke hatte sogar den Eindruck, als ob sie sich noch mehr verdreht hätte. Auch die Hosenbeine schienen sich verdreht zu haben. Irgendwie hatte er dort unten ein spiralförmiges Gefühl! Herbert Watzke blieb erst einmal erstaunt liegen und lauschte in sich hinein. Es war nicht viel zu hören. Diese ganze Herumwälzerei jedenfalls schien überhaupt keine Wirkung auf das Verdrehte zu haben. Außerdem kam ihm immer mehr zum Bewusstsein, dass er etwas vergessen hatte!

Morgen kommst du drauf, Herbie!, versuchte sich Herbert Watzke zu beruhigen. Behutsam drehte er sich auf den Rücken, und sofort schnürten die Schlafanzughosenbeine aus unerklärlichen Gründen wie viel zu enge Büchsengummis seine Waden zusammen. Auch an den Oberschenkeln begann es zu klemmen. Und im Schritt, jedenfalls dort, wo der Zwickel sitzen sollte.

Natürlich verließ Herbert Watzke wegen des bisschen verdrehter Hose nicht gleich sein Bett. So etwas löste man als erwachsener Mensch im Liegen!, dachte er und stützte sich mit dem ins Kopfkissen gepressten Hinterkopf ab und spannte alle seine Muskeln furchtbar an und stierte mit aufgerissenen Eulenaugen zur Decke hoch und versuchte, das linke Schlafanzughosenbein mit dem rechten großen Zeh wieder aufzudrehen. Es misslang!

Nachdem auch der Versuch, die Hose durch Anheben des Gesäßes wenigstens in der Bauchgegend wieder etwas in Ordnung zu bringen, gescheitert war, schnürte sich Herbert Watzke bei der Arbeit am rechten Hosenbein dann so perfekt beide Beine ein, dass er zu befürchten begann, sie würden ersticken oder irgendwie zu schreien anfangen. In dieser verfahrenen Situation war schließlich alles möglich. Ächzend drehte er sich mehrmals um die eigene Achse, winkelte, wieder auf dem Rücken, die Knie an, zog sie zum Bauch hoch und begann, das Verdrehte zittrig mit den Händen zu ordnen, was zur Folge hatte, dass sich die verdammten Hosenbeine in kürzester Zeit wie Harmonikabälge über den Knien zusammenschoben und bei Herbert Watzke das panikartige Gefühl erzeugten, jemand wringe seine Oberschenkel aus.

Natürlicherweise war Herbert Watzke durch das alles in eine gewisse Atemlosigkeit geraten. Er pustete heftig, und seine schlummernde Frau brach in ein leises Stöhnen aus: Rücksichtsvoll zog Herbert Watzke das Federbett über den Kopf. Leider herrschte unter dem Federbett eine so beängstigende Stille und Schwüle und Luftlosigkeit, dass Herbert Watzke schon nach wenigen Sekunden in Erstickungsangst geriet. Gurgelnd riss er das riesige Federbett vom Kopf und holte schlürfend Luft. Wie durch einen Schlauch etwa. Er hätte auch geschrien, wollte aber seine schon wieder fiepende Frau nicht erschrecken, sprang darum zum offenen Fenster, schüttelte sich wie ein nasser Hund und begann gierig zu atmen. Endlich Luft!

Der Himmel war mit Sternen übersät. Frisch sah er aus, der Himmel. Als hätte ihm soeben jemand die Nase geputzt, den Pelz gestriegelt. Ein Himmel für Kinder. Zum Schluchzen! Was nur hatte er sich merken wollen? Alles fiel ihm plötzlich ein, nur diese eine wichtige Sache nicht! Sogar die Formel für den Kugelinhalt, die er fünfunddreißig Jahre zuvor bei Doktor Träber lernen musste und seitdem nie mehr benötigt hatte, fiel ihm wieder ein: vier Drittel Pi mal r hoch drei! Mehr hätte seinem werten Chef auch nicht einfallen können, nachts gegen drei! Und an die Käsemürbchen tut Petra immer eine Prise Hirschhornsalz!, dachte Herbert Watzke. Und das WLan-Passwort war *GoßesIksUnterstrichKleinesZetGroßesYpsilonVierAusgeschriebenDreiZifferSiebenZifferGroßesVau.*

Herbert Watzke nickte traurig und schlich zu seinem Bett zurück. Er hob die eiskalten Füße in die Schlappen und versuchte, das Gesicht seiner schlafenden Frau zu erkennen. Ob meine Augen jetzt wie Katzenaugen leuchten?, dachte er, und Petra fiepte. In der blauen Nacht heulte eine Lokomotive: huhuhu! Diese verdammte Schlafanzughose! Warum passierte ihm nicht mal was Eindrucksvolles? So was wie Martin Luther mit dem Teufel! Aber er besaß ja nicht mal ein Tintenfass!

Und die gute Tapete! Und warum war er so vergesslich? War das das Alter? Wo er noch vorm Schlafengehen an das gedacht hatte, was er sich auf jeden Fall hatte merken wollen!

Und genau hier, an dieser unauffälligen Stelle, fiel es Herbert Watzke ein – so gewaltig kann sich der Mensch konzentrieren! –, dass es an der Haustür gewesen war, wo er es nicht vergessen wollte! Vielleicht fiele es ihm an der Haustür auch wieder ein? Herbert Watzke schlich sich in den Korridor hinaus, entnahm der an der Flurgarderobe hängenden Handtasche seiner Frau das Schlüsselbund und betrat schaudernd das abweisende Treppenhaus. Wie eine Fledermaus huschte er hinunter. Nachdem er die Haustür aufgeschlossen hatte, machte er sie auf und zu. Fünfmal, zehnmal, vielleicht auch tausendmal! Aber beim Haustürzumachen war es nicht gewesen, das hatte er schon beim ersten Zumachen gemerkt. Es musste in einer feuchteren Situation gewesen sein, irgendetwas Nasses war in Herbert Watzkes Erinnerung! Und plötzlich fiel es ihm wie Schuppen von den Augen: Als er die Toilettenspülung betätigt hatte, hatte er's sich merken wollen!

Wie ein junger Hahn flatterte Herbert Watzke in die dritte Etage zurück, riegelte sich in der Toilette ein und betätigte die Spülung. Erst knarzte sie grauenerregend – vermutlich hatte sie geschlafen –, dann ging's. Herbert Watzke spülte gnadenlos. Hundsgemein klang's durch die

Nacht, himmelweit und hauserschütternd, aber vor drei Jahren musste er, mit seiner Frau eben dort angekommen, aus Sankt Pölten in die Greifswalder Straße zurück, weil er vergessen hatte, zweimal abzuschließen! Wo sie doch das wertvolle Zwiebelmuster in der Wohnung hatten! Diese Erfahrung hatte ihm gereicht! Um Himmels willen nichts mehr vergessen!

Nach ungefähr zwanzigmaligem Spülen wusste Herbert Watzke dann auch ganz sicher, dass er hier gewesen war. Er kam aber nicht darauf, was er sich hatte merken wollen. Glücklicherweise – das Spülen war also gut! – erinnerte er sich, dass er sich als Gedächtnisstütze den ähnlich klingenden Namen eines Schauspielers eingeprägt hatte. Dieser Schauspieler hatte in dem französischen Krimi den Privatdetektiv mit dem Campingbeutel gespielt! Der unter der Eisbude in dem gefluteten Abwasserkanal mit der Hose an dem Haken hängengeblieben war! Obwohl er sich unter Wasser die Hose ausziehen musste, hatte er den Campingbeutel nicht losgelassen! Ein großartiger Schauspieler!

Herbert Watzke drückte die Spülung, es rauschte furchterregend, er sah das Gesicht des Schauspielers zum Greifen vor sich, der verfluchte Name schwebte ihm auf der Zunge – aber er kam nicht drauf! Das versetzte ihn in so eine Verzweiflung, dass er wieder ins Bett ging und sich dort bis zum Morgengrauen wälzte. Als die erste Drossel pfiff, fiel ihm ein, wo er den Christbaumständer, den sie letzte Weihnachten wie die Wahnsinnigen gesucht hatten, versteckt hatte. Es war zwar nicht das, woran er sich zu erinnern bemühte, trotzdem aber tat er einen Überraschungskiekser.

Obwohl es ein freudiger Kiekser war, hörte Frau Watzke sogleich zu fiepen auf und schreckte hoch, um sich über die rücksichtslosen Nachbarn, die die ganze Nacht über die Toilettenspülung betätigen und die Haustür schlügen, zu beschweren. »Aber du schläfst ja wie ein Klotz!«, bemerkte sie klagend.

»Ja, Petra!«, sagte Herbert Watzke. Und dann sagte er noch, um seiner Frau eine Überraschung zu bereiten: »Der Christbaumständer liegt im Kleiderschrank unter dem Karton mit Omas alten Schuhen, Petra!«

Frau Watzke war leider kein bisschen überrascht. »Wie kommt du morgens gegen fünf im Frühling auf den Christbaumständer, du Irrsiniger?«, rief sie.

Da hat Herbert Watzke nur mit den Schultern gezuckt und ist ins Bad, um sich frisch zu machen für den neuen Tag.

IN DER SCHLAFSPRECHSTUNDE

»Herr Doktor, ich leide an Schlaflosigkeit.«
»Beschreiben Sie mir mal Ihre Symptome.«
»Heute Nacht zum Beispiel bin ich zwölfmal aufgewacht und konnte kein einziges Mal wieder einschlafen.«

»Herr Doktor, ich rede im Schlaf.«
»Ist denn das so schlimm?«
»Ja, das ganze Büro lacht schon darüber!«

»Herr Doktor, ich kann nicht einschlafen!«
»Und warum nicht?«
»Ich habe furchtbare Angst, ein Einbrecher könnte unter meinem Bett liegen!«
»Dann sägen Sie einfach die Beine von Ihrem Bett ab!«

»Herr Doktor, ich schlafe wie ein Baby.«
»Wie gut für Sie, beneidenswert.«
»Ich wache jede Stunde auf und könnte heulen.«

……………………

»Herr Doktor, Sie haben mir doch gesagt, ich soll mit den Hühnern schlafen gehen.«
»Stimmt.«
»Aber ich falle immer von der Stange!«

……………………

»Herr Doktor, mein Mann redet nachts im Schlaf. Was kann ich dagegen tun?«
»Lassen Sie ihn mal tagsüber zu Wort kommen!«

……………………

»Herr Doktor, ich habe eine schwere Grippe und kann nicht mehr schlafen.«
»Hier haben Sie Tabletten, damit können Sie dann die ganze Nacht durchschlafen.«
»Toll, und wie oft muss ich die nehmen?«
»Alle zwei Stunden.«

……………………

»Herr Doktor, ich leide unter Schlaflosigkeit!«
»Aha. Hier, ich verschreibe Ihnen ein gutes Potenzmittel.«
»Hmmm. DAVON soll ich einschlafen …?«
»Nein. Aber das Wachbleiben wird dann wesentlich amüsanter für Sie …«

FRANK LUDWIG
NACHTS, IM SCHLAF

I

Kurz vor zwölf, Zeit ins Bett zu gehen. Der süße Schlaf überkommt mich, ich gleite hinüber in Morpheus' Reich. Er wiegt mich in seinen Armen, Sphärenklänge umgeben mich. Plötzlich ein Misston. Was für Instrumente werden eigentlich im Sphärenorchester gespielt? Mein schlafendes Hirn stellt die Frage und wundert sich. Da, wieder dieses Grummeln – in purer Dissonanz zu den sanften Klängen. Ich muss wissen, was da los ist. Kann in Morpheus' Reich ein Gewitter aufziehen? … Wach auf, es könnte gefährlich werden. Wie sieht dort ein Gewitter aus? Man weiß so wenig, seufzt mein schlafendes Hirn. Blitze könnten dich treffen, Regengüsse dich überschütten, strömende Fluten dich fortreißen … Hirn an Körper: Wach auf, wach auf!

Welche Erleichterung! Ich liege in meinem Bett. Nichts kann mir geschehen, keine Gefahr droht. Nur das Grummeln ist noch da. Es ist mein knurrender Magen.

II

Ich sinke in mein Bett und in den Schlaf. Und immer weiter sinke ich, es ist, als ob ein Fahrstuhl mich abwärts befördert. Tief abwärts, das muss ein Bergwerk sein. Die Luft ist ziemlich dünn hier unten. Sand rieselt lautlos von der Decke auf mich. Jetzt fallen sogar Steine, aber ganz sanft. Kein Geräusch begleitet den Steinschlag. Nur schwer, immer schwerer wird die Last, die auf mir liegt. Mit den Händen schaufle ich Steine und Sand weg. Die Bewegung holt mich aus dem Schlaf.

Ich hätte vor dem Schlafengehen wohl doch nicht mehr das Rindergulasch mit Klößen und Rotkohl essen sollen.

III

Ich träume oft, dass ich fliegen kann. Ich breite die Arme aus, hebe ab, und mit aerodynamischer Geschmeidigkeit gleitet mein Körper durch die Lüfte. Das geht ganz einfach, ich brauche weder Ikarus-Flügel noch Düsenantrieb dafür. Nur mit der Steuerung habe ich meine Probleme. Ist das Ding auf Autopilot geschaltet, trägt es mich über Felder und Wälder hinweg. Das ist auf Dauer langweilig, ich bin eben ein Stadtmensch, und dahin möchte ich fliegen. Erst alles von oben anschauen und dann landen, und zwar direkt vor meiner Kiezkneipe, wo ich mir ein kühles Bier genehmigen werde. Warum klappt das nicht? Schließlich wusste schon der alte Flugpionier Goethe, dass unsere Wünsche Vorboten desjenigen sind, was wir zu leisten imstande sein werden. Da wird doch mal eine Landung vor der Kneipe drin sein!

Heute bin ich wieder die ganze Nacht geflogen. Und was hatte ich davon? Durst am Morgen.

SCHLAF-AUTORITÄTEN

Der Schlaf ist doch die köstlichste Erfindung.
Heinrich Heine

Gut schläft, wer gar nicht merkt, dass er schlecht schläft.
Publilius Syrus

Ich hab doch nichts, weder Dukaten, noch Liebe, besitze auch kein Talent, bin unverheiratet, kurz ein Eigentümer aller Erfordernisse zum Schlaf, und – kann doch nicht schlafen!
Moritz Gottlieb Saphir

Schlaf ist ein Hineinkriechen des Menschen in sich selbst.
Friedrich Hebbel

Der Schlaf ist für den ganzen Menschen, was das Aufziehen für die Uhr.
Arthur Schopenhauer

Die Nacht macht die Hälfte des Lebens aus. Die bessere Hälfte.
Johann Wolfgang von Goethe

Ich habe nie irgendwelche Freiübungen unternommen, mit Ausnahme von Schlafen und Ausruhen.
Mark Twain

Der unausgeschlafene Mensch ist eine Null, oder wenn der Mensch überhaupt eine Null ist, die Null einer Null.

Theodor Fontane

Je weniger die Leute davon wissen, wie Würste und Gesetze gemacht werden, desto besser schlafen sie.

Otto von Bismarck

Wer schläft, sündigt nicht. Wer sündigt, schläft besser.

Giacomo Casanova

HORST EVERS
DAS TUTEN

Donnerstagnacht 4.20 Uhr. Es tutet in der Wohnung. Allerdings ein Tuten, das ich so gar nicht kenne. Zudem in großen Abständen. Mindestens eine halbe Minute liegt zwischen dem Tuten, eher mehr.

Das Handy? Das überrascht ja immer mal wieder mit neuen Alarmtönen. Ich war oft schon erstaunt, wie viele Geräuschideen mein Handy so entwickelt. Womöglich hat das Kind eine weitere versteckte Alarmoption entdeckt oder runtergeladen oder direkt eingestellt. Auf 4.20 Uhr. Als kleinen Gruß, nur um zu zeigen, dass es mit meinem Handy besser umgehen kann als ich, dass ich dieses Telefons eigentlich gar nicht würdig bin, dass diese Smartphone gemäß der Vorsehung eigentlich zu ihm gekommen ist. Es ist ein Schatz. Ich verwahre ihn höchstens, fürchte gar seine Macht, dass es Besitz von mir ergreifen könnte.

Aber mein Handy liegt vergleichsweise entspannt neben dem Bett, während es von anderswoher unverdrossen weitertutet.

Das Taschentelefon der Freundin? Wirkt auch, als würde es schlafen.

Der Wecker? Nein, der konzentriert sich still und stoisch auf seinen großen Moment in rund drei Stunden.

4.25 Uhr. Es tutet in der Wohnung.

Gehe im Kopf die möglichen Ursachen dieses Tutens durch. Es ist erschütternd, wie viele Geräte wir in der Wohnung haben, denen ich im Prinzip ein nächtliches Tuten zutrauen würde: Drucker, Fernseher, Musikanlage, Kaffeemaschine, Waschmaschine, Digitalkamera, Toaster, Zahnbürste (ja, auch die Zahnbürste), Ladegeräte …

4.30 Uhr. Es tutet in der Wohnung.

Laufe in alle Zimmer, gehe sämtliche Geräte mit Tatpotenzial durch. Aber nichts, jedes dieser Geräte döst ruhig vor sich hin. Zumindest, wenn ich davorstehe. Habe nämlich zusätzlich das Gefühl, die Position des Tutens würde sich verändern. Seltsam. Haben wir irgendetwas in der Wohnung, das sich bewegt und dabei gelegentlich tutet?

Die Freundin ist wach geworden. Sie herrscht mich an, warum in Gottes Namen ich denn um diese Uhrzeit in der Wohnung rumrenne? Sie sei davon wach geworden. Außerdem solle ich gefälligst mit dem Tuten aufhören.

4.40 Uhr. Laufe jetzt gemeinsam mit der Freundin durch die Wohnung, um herauszufinden, woher das Tuten kommt. Ermahne die Liebste, sie solle aufhören, vor sich hin zu schimpfen. Das erschwere es, das Tuten zu lokalisieren. Auch könne dadurch das Kind aufwachen. Sie fragt: »Was?« Ich sage, sie solle doch bitte das Kind nicht aufwecken.

Das Kind wacht auf. Fragt: »Was hast du gerade gesagt? Warum seid ihr noch wach? Habt ihr wieder heimlich Gruselfilme geguckt?« Alle drei Fragen übrigens

nahezu zeitgleich innerhalb einer kurzen akustischen Welle.

Wir beruhigen sie, sagen, sie solle zurück ins Bett gehen und sich keine Sorgen machen. Es sei völlig normal, dass Eltern nachts leise vor sich hin schimpfend durch die Wohnung gehen, alle würden das so machen, wenn sie älter sei, werde sie das verstehen. Die Tochter nickt, fragt aber noch, ob es eigentlich brenne, weil die Rauchmelder würden ja die ganze Zeit tuten.

4.50 Uhr. Sitze vor den rausgeschraubten Rauchmeldern. Vor drei Jahren waren die im Angebot, deshalb haben wir da für alle Zimmer welche gekauft. Und jetzt sind gleichzeitig bei allen die Batterien leer. Daher die Warntuter alle paar Minuten, aus immer wieder anderen Richtungen. Selbstverständlich sind keine Ersatzbatterien da. Hierzu gratuliert mir die Freundin von Herzen und geht dann auch zurück ins Bett.

Na wunderbar. Falls übrigens irgendjemand eine Idee sucht, was man noch wirklich Sinnvolles erfinden könnte: intelligente Batterien, das fände ich gut. Das heißt, so übermäßig intelligent müssten sie gar nicht sein. Sie müssten eigentlich nur die Uhr lesen können, sich die Ladenöffnungszeiten merken und dann eben zu einer passenden Zeit leer werden.

So jedenfalls kann ich nicht wieder einschlafen. Die Vorstellung, es könnte ausgerechnet jetzt brennen, wo ich alle Batterien aus den Rauchmeldern entfernt habe, beunruhigt mich außerordentlich. Setze ich jedoch die Batterien wieder ein, bekomme ich wegen des Tutens keinen Schlaf. Eine klassische Lose-lose-Situation. Sitze den Rest der Nacht vor den Rauchmeldern und achte persönlich darauf, dass es nicht brennt. Als lebender Rauchmelder. The human smoke-guard.

Denke an die historischen Brandwachtmeister von Hamburg. Im 19. Jahrhundert hatte man im Hafengebiet von Hamburg aufgrund der gewaltigen Warenlager große Angst vor um sich greifenden Bränden. Deshalb gab es spezielle Brandwachtmeister, die nur gucken mussten, ob es nicht irgendwo brennt. Vor allem natürlich nachts. Da saßen sie dann bei Kerzenschein und passten auf. Bis ausgerechnet einer dieser Brandwachtmeister während der Wache einschlief, die Kerze umwarf und wohl dadurch den gewaltigen Hafenbrand von Hamburg auslöste. So zumindest sagt es eine der Legenden, die sich bis heute um den Brand ranken.

Daran muss ich übrigens immer denken, wenn die drei riesigen Ratingagenturen »Moody Blues«, »Standard« und »Poor Bitch«, wie sie wohl im Groben heißen, ständig behaupten, sie würden selbst gar keinen Einfluss nehmen, sie seien ja nur so eine Art Alarmwächter.

Wenn ich es drauf anlegen würde, könnte ich da wahrscheinlich eine gewiefte, scharfzüngige wirtschaftspolitische Sottise draus drechseln. Aber man will es sich ja auch nicht zu einfach machen. Schließlich ist es ja meist gar nicht der eigentliche Brand, sondern mehr die Angst davor und das dauernde Tuten der Alarmwächter, was einem am Ende diese ständige Müdigkeit beschert.

LOTHAR KUSCHE

WIR FRÜHAUFSTEHER

Mein Freund Pierre Bierbaum erklärte mir eines frühen Sonnabendnachmittags, als ich ihm gerade eine weitere Partie Schach vorschlug: »Ich muss ein Powernapping einlegen.«

»Du musst was?«

»Na, schlafen …«

»Ach so, ein Mittagsschläfchen.« Dafür hatte ich Verständnis und hielt es für ein gutes Vorhaben, dem ich mich anschloss. Ich bot ihm unsere Couch an, auf der sich Pierre auch sofort wie ein Igel zusammenrollte, während ich mich ins Schlafzimmer verzog. Ich hatte die Bettdecke zurückgeschlagen, mich meiner Hose entledigt und wollte gerade die Strümpfe abstreifen, als Pierre in der Tür stand, ein gutgelauntes »Weiter geht's« schmetterte und am Schachbrett Platz nahm.

Ich wollte kein Spielverderber sein, zog die Hose wieder an und setzte mich, nach einem Abstecher in die Küche, wo ich einen muntermachenden Espresso braute, zu Pierre an die nächste Partie.

Gegen siebzehn Uhr wurde Pierre unruhig und wiederholte seine frühnachmittägliche Ansage.

»Na hör mal«, sagte ich, »jetzt ist es aber ganz schön spät für …«

Aber Pierre lag schon wieder in Igelstellung auf der Couch. Nach knapp zehn Minuten konnte ich meinen Satz zu Ende bringen: »… also ganz schön spät für ein Nickerchen.«

»Nicht Nickerchen«, dozierte Pierre. »Powernaps sind das. Du musst wissen, wir haben unsere Schlafgewohnheiten umgestellt. Wir schlafen jetzt polyphasisch. Solltest du auch probieren. Dazu ein ordentliches Fitnessprogramm – das nennt man optimierte Lebensführung.«

Mit meinem Springer kassierte ich seine Dame.

Es war zwanzig Uhr, als Pierre sagte: »Ich geh nach Hause, ich muss ins Bett. Wir stehen nämlich sehr früh auf.«

»Gehört das auch zur optimierten Lebensführung? Ihr seid doch noch nie früh aufgestanden!«

»Deshalb haben wir uns ja auch nie richtig frisch gefühlt wie die Fische im Wasser. Wann stehst du auf?«

»So gegen neun. Und ob ich mich dann wie ein Fisch im Wasser fühle, weiß ich nicht, weil ich noch nie länger im Wasser gelebt habe. Als Fisch würde ich wahrscheinlich gar nicht aufstehen.«

»Red keinen Unsinn, wer früh aufsteht, ist ein Mensch, der sein Leben doppelt genießt. Was du früh erledigt hast, macht dir nicht die Nacht zur Hast. Es gibt, wissenschaftlichen Erhebungen zufolge, keinen Menschen, der nicht zur Zeit des Sonnenaufgangs seine Energie verdoppeln könnte. Schüttle mal deine lethargischen Gewohnheiten ab, du schlafsüchtiger Mondmensch. Montag früh treffen wir uns um sechs. Britta und ich bringen Leo zur Schule,

ich setze Britta am Fitnesscenter ab und du joggst mit mir meine morgendlichen Runden. Du wirst mitkommen, du fauler Hund, und sehen, wie erquickend es ist, nicht erst aus den Federn zu kriechen, wenn das Frühstücksfernsehen vorbei ist.«

Sagte ich schon, dass ich ungern den Spielverderber gebe?

Wir verabredeten uns für Montag früh.

Am Montagmorgen vorm Haus von Pierre und Britta. Ich warte. Pierre tritt aus der Haustür, wirft mir ein »Morgn« zu und holt den Wagen aus dem Carport. Ich lasse mich in den Rücksitz fallen. Wir warten. Ich darauf, dass sich meine Energie verdoppelt. Pierre auf Britta und Sohn Leo. Pierre hupt. Hoffentlich sind seine Nachbarn auch Frühaufsteher. Britta erscheint in der Haustür, Leo im Schlepptau, der mit der Linken einen Rucksack am Riemen hinter sich herzieht wie einen Hund und in der Rechten ein angebissenes Brötchen hält. Britta schubst den kauenden Leo auf den Rücksitz neben mich.

Ich: Guten Morgen allerseits.

Die Erwiderung muss ich beim Starten des Motors überhört haben.

Ich: Schönes Wetter heute, oder?

Pierre: Was heißt denn hier: oder? Sei einfach ruhig.

Britta: Pierre, sprich bitte nicht so laut. Du weißt ganz genau, dass ich am frühen Morgen dieses laute Sprechen nicht vertragen kann.

Pierre: Wieso weiß ich was genau? Ich weiß überhaupt nichts.

Britta: Das kann man wohl sagen. Leo, kämm dir die Haare.

Leo: Warum?

Britta: Weil du dir die Haare kämmen sollst.

Leo: Wenn ich einen Kamm hätte!

Britta: Wo ist dein Kamm?

Leo: Weiß ich doch nicht!

Pierre: Halt die Klappe, Leo. Nimm meinen Kamm. Den will ich dann aber zurückhaben.

Britta: Lass doch dem Kind den Kamm. Du kannst dir ja einen neuen kaufen.

Pierre: Das kann der Junge auch.

Leo: Und wovon, wenn ich fragen darf?

Britta: Wenn man nicht sein ganzes Taschengeld bei McDonald's ausgibt …

Leo: Stimmt ja gar nicht.

Pierre: Ruhe jetzt!

Britta: Wirst du wohl aufhören, mit dem Kind rumzustreiten!

Pierre: Ich sage ja schon gar nichts mehr.

Leo: Mutti hat sich auch nicht gekämmt.

Britta: Jetzt ist aber Schluss.

Leo: Soll ich Mutti deinen Kamm geben?

Britta: Ihr wisst beide genau, dass ich mich nachher im Fitnesscenter fertig mache.

Pierre: Ist ja schon gut.

Leo: Was is'n gut. Ich soll mich kämmen, und Mutti darf so rumlaufen.

Pierre: Nun hört doch mit diesem blöden Gequatsche auf. Davon wird einem ja ganz schlecht.

Britta: Dann müsstest du mal früher ins Bett gehen und nicht immer bei diesem Lanz im Sessel vorm Fernseher pennen.

Pierre: Da muss ich wenigstens nicht diskutieren.

Britta: Diskutieren, als ob man das mit dir könnte. Du hörst nie zu! Und verdrehst mir das Wort im Mund, immer wie du es brauchst.

Pierre: Muss das vor dem Kind erörtert werden?

Britta: Du zwingst mich ja dazu.

Ich: Nun streitet euch doch nicht!

Britta und Pierre: Misch du dich bitte nicht ein.

Ich: Der Morgen ist so schön, die frische Luft erquickt uns, die Vögelchen zwitschern um die Wette, das reinste Voice of Germany …

Leo: Der spinnt.

Britta: Was heißt denn hier: Der? Für dich ist das immer noch Onkel Benno.

Pierre: Hört auf, da kommt einem ja der Kaffee hoch.
Britta: Den du gekocht hattest? Das soll Kaffee gewesen sein?
Leo: Hahaha!
Leo lacht noch, als Pierre das Auto vor der Schule stoppt.
Ich: Da bist du ganz schön früh in der Schule, was?
Leo: Macht nichts, die Cafeteria hat schon geöffnet. Und tschüss!

Wir fahren schweigend weiter. Pierre hält vorm Fitnesscenter, Britta hangelt sich ihre Sporttasche vom Rücksitz und verschwindet.

Pierre lenkt den Wagen zum Stadtpark. Fünf Runden um den Spielplatz, das ist sein morgendliches Pensum.

Ich laufe Pierre in immer größer werdendem Abstand hinterher. Als er seine zweite Runde antritt, lasse ich mich in die Kinderschaukel sinken. Ich bin zwar nicht frisch wie ein Fisch, aber so nass, wie man es diesen Tieren nachsagt.

Als Pierre nach seiner fünften Runde vorbeikommt, gibt er mir kopfschüttelnd ein Zeichen, dass es zurück zum Auto geht.
Ich: Mensch, Pierre, wie du das durchhältst!
Pierre: Alles ein Frage einer optimierten Lebensführung.
Ich: Wenn du jetzt ins Büro fährst, dann hängst du doch total müde am Schreibtisch.

Pierre: Ein kleines Powernapping, dann starte ich in den Tag frisch wie … (Na, Sie wissen schon!)

Ich starte auch, zur Straßenbahnhaltestelle, um nach Hause zu fahren und meinen unterbrochenen Schlaf fortzusetzen.

Die nächsten Morgenstunden habe ich, ohne meine Energie zur Zeit des Sonnenaufgangs zu verdoppeln, als Spätaufsteher verbracht. Deswegen traf ich auch Pierre nicht. Ich hätte ihn ohnehin nicht getroffen. Er ist nämlich krank geschrieben.

Diagnose: Bournout.

SCHLÄFRIGE WITZE

»Ich schlafe abends sehr schlecht ein.«
»Kenne ich. Ich zähle dann immer bis drei.«
»Ach, und das hilft?«
»Na ja, manchmal zähle ich auch bis halb vier …«

....

»Ich hab jetzt schon tagelang nicht mehr geschlafen.«
»Bist du da nicht total müde?«
»Nein, nachts schlafe ich ja gut.«

....

»Geht es dir eigentlich auch so, dass dich deine früheren Sünden nicht schlafen lassen?«
»Jetzt nicht mehr. Ich stelle nachts mein Telefon ab!«

....

Laut einer amerikanischen Studie schlafen Frauen mehr als Männer.
Dafür schlafen allerdings Männer mit mehr Frauen.

....

»Was hast du für ein Hobby?«
»Schlafen.«
»Ist das nicht langweilig?«
»Keine Ahnung. Kriege ich ja nicht mit.«

Ich: »Ich bin müde, Zeit zu schlafen.«
Gehirn: »Ich bin auch fix und fertig, gute Nacht.«
Muskeln: »Alles klar, endlich etwas entspannen.«
Augen: »Okay, Deckel zu.«
Nase: »Hey Jungs, hört mal zu, was ich für tolle Pfeiftöne drauf habe!«

....

Bei Familie Schaf klingelt es an der Tür. Draußen steht ein Polizist mit zwei kleinen Lämmchen.
Polizist: »Zwei Ihrer Kinder sind ausgebüxt. Wir haben sie im Park gefunden. Haben Sie denn nicht gemerkt, dass zwei fehlen?«
Mama Schaf: »Wir versuchen ja immer, alle durchzuzählen, aber wir schlafen jedes Mal mittendrin ein!«

....

Morgens bringe ich keinen Bissen runter, weil ich an dich denken muss.
Mittags kann ich nichts esssen, weil du mir nicht aus dem Kopf gehst.
Am Abend kann ich nicht essen, weil ich immer nur an dich denke.
Nachts kann ich nicht schlafen, weil ich hungrig bin.

MARIO D. RICHARDT
DIE SCHLAFRÄUBERIN

Als Johanna noch ein kleines Würmchen war und uns regelmäßig vor Milchhunger übers Babyfon aus dem Schlaf weinte, vielmehr schrie, dachte ich: Da müssen wir jetzt durch. Dauert ja nicht lange, dann wird sie größer, kann sagen, was sie auf dem Herzen hat, schläft durch und braucht nachts keine Milch mehr. Nach weit über zwei Jahren weiß ich nun, dass ich zu hoffnungsvoll, zu gutgläubig, einfach zu naiv gewesen bin. Denn es ist noch anstrengender und nervraubender geworden, als ich es mir je vorgestellt hätte. Meine Frau Christin und ich sind abends so fertsch, wie der Sachse liebevoll sagt, dass wir uns unabgesprochen ein Rennen liefern, wer nach der »Tagesschau« auf der Couch schneller die Augenrollos nach unten kurbelt.

Die Prozedur beginnt, wenn es Richtung Kinderzimmer geht, um unsere Tochter bettfertig zu machen. Klar ist es genial, wenn sie schon von allein lauthals ruft: »Zähneputzen, Zähneputzen, Zähneputzen!« und damit unser allabendliches Ritual einläutet. Doch meine Freude über ihren Sinn für Hygiene ist wie weggeblasen, als ich es mir erlaube, im Bad das Licht anzuknipsen.

»Neihein, Papa, neihein, ich mache selber«, weint sie mich vorwurfsvoll an, und ich schalte die Lampe reflexartig wieder aus. Johanna klingt, als hätte ich es gewagt, ihr Lieblingsplüschtier bei Ebay zu versteigern. Sie schiebt mich beiseite, schnappt sich ihren Plastikhocker, stellt ihn unter den Lichtschalter und macht das Licht selbst noch einmal an. Dann rückt sie ihr Behelfspodest ein paar Meter weiter zum Waschbecken, kraxelt wieder drauf, nimmt sich Zahnbürste und Zahnpasta und drückt gut drei Zentimeter Creme auf die winzige Bürste. Sie beguckt sich die bunte Schlange, ist sehr zufrieden und beginnt, in ihrem Mund damit Unmengen von Schaum zu produzieren.

Wenn ich beim Putzen geholfen hätte, wäre Johanna wieder schlecht gelaunt gewesen. Selbermachen ist aktuell ein ganz großes Thema. Dafür lässt sie mich ohne zu murren nachputzen: Oben, unten, vorne, hinten – läuft. Da sind wir ein eingespieltes Team. Das Mundausspülen erfordert hingegen noch einiges an Übung. Die ersten zwei Becher trinkt sie, erst beim dritten spuckt sie das Wasser wieder ins Becken. Seitdem Johanna sich selbst die Zähne putzen und die Hände waschen kann, werden wir bei den Leipziger Wasserwerken wahrscheinlich als Großkunden geführt.

Im Kinderzimmer wartet die nächste Herausforderung. Mir stehen nun zwei Optionen zur Auswahl: Entweder ich setze mich durch und ziehe ihr den Pyjama an, obwohl sie empört schreit und sich abwechselnd steif macht und wild zappelt, oder Johanna darf sich selbst anziehen. Dabei muss ich allerdings einkalkulieren, ihr mindestens zehn Minuten lang dabei zuzusehen, wie sie zunächst die Hose wie einen Pullover überstreift, dann fünfmal hintereinander beide Beine in ein einziges Hosenbein steckt und schließlich das Oberteil falsch herum über ihre kleine Rübe stülpt. Das ist mir letztendlich auch egal. Ist ja dunkel nachts.

Es folgt die Vorleseorgie. Johanna sucht sich ein Buch aus, wir setzen uns zusammen auf den großen Wippstuhl in ihrem Zimmer, und ich lese vor. Aus einem Buch. Dann aus einem weiteren. Und aus noch einem. Kleine Tricks enttarnt sie sofort. Wenn ich eine Seite absichtlich überblättere, huscht ihre Hand zum Buch, und sie blättert zwei Seiten zurück. Wenn ich nur die ersten drei Zeilen jeder Seite vorlese, tippt sie sofort auf den restlichen Text und sagt: »Papa, auch vorlesen!« Sie kann noch nicht einen Buchstaben schreiben, merkt aber sofort, wenn ich sie übers Ohr hauen will. Der einzige Trick, der funktioniert, ist dieser hier: Ich lese einen Satz und fange mittendrin ganz lang und laut zu gäääähnen an. Dazu schauspielere ich: »Oh, Johanna. Papa kaaann nicht mehr und ist schon gaaanz doll müüüde. Ich muss ins Bett!«

»Ich auch müde«, sagt sie dann, hüpft wie selbstverständlich vom Schoß und schnappt sich ihre Kuschelrolle. Schnurstracks watschelt sie nun mit der Rolle los. Nein, nicht in ihr Bett, sondern rüber ins Schlafzimmer, in unser Bett.

»Wo willst du denn hin, Prinzessin? Hier ist dein Schlafgemach!«

»Uns schlafen!«, antwortet sie wie selbstverständlich.

Das geht jetzt schon ein, zwei Monate so. Das wöchentliche Sonntagmorgenkuscheln im Elternbett hat ihr so gut gefallen, dass sie nun wohl immer bei uns schlafen will. Jetzt werden wir sie nicht mehr los. Johanna krabbelt also in unser Bett, legt sich genau in die Mitte, schmiegt sich an ihre Rolle und schläft ... nicht. Warum auch?

»Muss pullern, Papa.« Kaum gesagt, wurschtelt sie sich wieder unter der Bettdecke hervor, krabbelt heraus, läuft ins Bad und setzt sich aufs Töpfchen. »Großes Klo!«, ruft sie mir zu, als ich ihr hinterhertappe. Heißt: Ich hebe sie hoch und setze sie auf unsere Toilettenbrille. Aber auch da passiert nichts. »Muss nicht«, fasst sie zusammen.

»Aber du hast doch gesagt, dass du mal musst.«

»Muss nicht.« Sprach's und tapst wieder zurück ins Schlafzimmer.

»Gute Nacht, Johanna!«, sage ich und gebe ihr einen Kuss.

»Nahacht!« Gerade als ich rausgehen will, ruft sie: »Milch holen, Papa. Bitte!«

Also gut. Ich dackele in die Küche und mache ihr eine warme Milch. Sie trinkt sie gierig aus und kuschelt sich wieder in die Kissen. Gutenachtkuss, Zudecken, Abmarsch. Sie springt auf und läuft ebenfalls zur Tür.

»Was ist denn jetzt los?«, frage ich.

»Ich sehe gar nichts«, sagt sie empört und knipst das Licht an.

»Du sollst ja auch nichts sehen, du sollst schlafen!«, mahne ich und mache das Licht wieder aus. »Es ist schon spät.«

Flink läuft sie an mir vorbei ins Badezimmer.

»Wo willst du denn jetzt wieder hin?«, rufe ich ihr hinterher.

»Muss kackern.« Das ist wohl nicht zu ändern. Wer muss, der muss. »Das stinkt aber«, würgt sie, als ich ins Bad komme, wobei sie angewidert die Nase rümpft. »Caillou holen. Papa! Bitte!«, bettelt sie mich an, als wir uns wieder im Elternschlafzimmer befinden. In einem Tonfall und mit einem Augenaufschlag, denen ich nicht widerstehen kann. Ich gehe rüber ins Kinderzimmer, hole

Johannas Plüschjungen und ordne an: »Jetzt wird aber endlich geschlafen!«

»Kikaninchen. Und Maja!«

Arrrgh! Wieder spaziere ich ins Nebenzimmer und hole auch noch ihren himmelblauen Hasen und die Grinsebiene. Dann decke ich Johanna wieder zu. Ebenso jeden ihrer Lieblingsfreunde.

»Keine Decke!«

»Doch, Johanna. Das muss sein. Sonst ist es zu kalt.«

»Keine Decke!«

»Die Decke muss bleiben. Sonst frierst du.«

»Ein Glas Wasser, Papa!«

»Aber du hattest doch schon die Milch.«

»Ein Glas Wasser, bitte! Durst.«

Also gut. Sie trinkt das Glas komplett aus, und ich schleiche mich aus dem Zimmer. Im Flur lehne ich mich mit dem Rücken an den Türrahmen. Durchatmen!

Eine Minute später bewegt sich die Klinke nach unten, und die Tür öffnet sich einen Spalt. Unsere Tochter steckt den Kopf heraus und flüstert: »Tür ein Stück auflassen!«

»Gut, das können wir machen. Aber jetzt wieder husch zurück ins Bettchen!«

Kaum raus aus dem Zimmer, ruft Johanna laut: »Papaaa, Papaaa, Papaaa! Hilfe!«

Schnell renne ich zurück ins Schlafzimmer. Da muss was Ernstes vorgefallen sein. »Was ist denn los?«, frage ich aufgebracht.

»Eine Fliege!«

»Eine Fliege?«

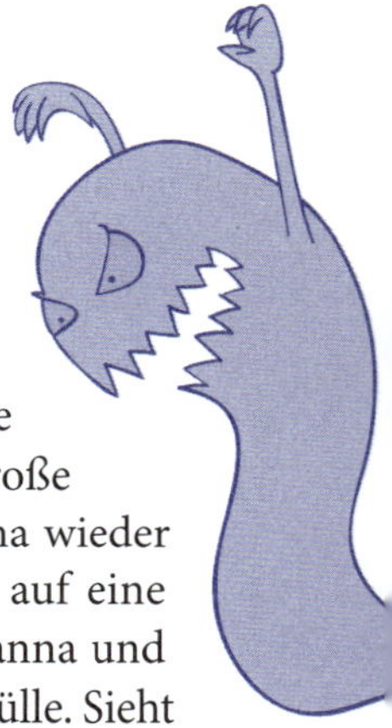

»Ja, eine Fliege, Papa! Husch!«

Ich verstehe. Mit einer Fliege, die ständig um meine Nase herumwuselt, könnte ich auch nicht einschlafen. Doch wie kriege ich das Vieh aus dem Zimmer raus? Und wie spüre ich die brummende Nervensäge auf? Ungern will ich das große Licht anmachen, denn dann wird Johanna wieder richtig munter. Auf einmal komme ich auf eine grandiose Idee. Ich lege mich neben Johanna und nehme mein Tablet. Das hat eine prima Hülle. Sieht gut aus, tolle Verarbeitung, super Funktion: Wenn ich sie zuklappe, deaktiviert sich auch der Tabletbildschirm. Ich surfe also im Internet, während Johanna neben mir endlich zur Ruhe kommt. Im Zimmer ist es dunkel – bis auf den hellen Schein des Displays. Nach den aktuellen Kinotipps informiere ich mich zum Thema »Was macht eigentlich Bruce Willis?«, gefolgt von »Was tun bei Haarausfall?« Das möchte ich wirklich mal wissen. Noch während ich darüber nachdenke, wie ich wohl ohne Haare aussehen würde, setzt die Störfliege zum Landeanflug an und platziert sich genau auf dem Foto von Jürgen Vogel. Wie geplant hat der Lichtschein sie angezogen. Die Fliege sitzt jetzt da, wo ich sie haben wollte – Klappe zu, Fliege tot. Vorsichtshalber gucke ich noch mal nach. Tatsächlich! Der Vogel hat plötzlich ein Büschel Haare auf dem Kopf.

»So, mein Schatz. Die Fliege liest noch ein bisschen, stört dich jetzt also nicht mehr. Schlaf gut!« Ich setze zum Losgehen an.

»Noch eine Geschichte erzählen!«, bittet mich Johanna.

Nee. Das schaffe ich jetzt wirklich nicht mehr. Ich bin höllisch müde. Aber Johanna mag es, wenn man ihr Geschichten erzählt, die sie selbst erlebt hat. Ich denke mir einen Trick aus und fange an: »Mama, Papa und Johanna gehen in den Zoo. Aber als sie dort ankommen, hat der Zoo schon geschlossen. Deshalb müssen sie an einem anderen Tag wiederkommen. Und jetzt wird geschlafen! Augen zu!«

»Papa auch schlafen?«

»Ja, Mama und Papa gehen auch bald schlafen.«

»Jetzt, Papa?«

»Gleich!«

»Gleich?«

»Ja, gleich.«

»Papa auch hinlegen?«

Um die Sache zu beschleunigen, lege ich mich neben sie, gebe ihr den geschätzt fünfzigsten Gutenachtkuss, sie kuschelt sich an mich, grunzt wohlig, und ich … schlafe noch vor ihr ein.

Irgendwann weckt mich Christin. »Na, hat sie dich wieder um den Finger gewickelt?«

Ja, das hat sie in der Tat.

Christin und ich beschließen, nun auch ins Bett zu gehen. Ich bin sowieso schon im Land der Träume angekommen. Schließlich liegt Christin rechts, ich liege links, zwischen uns der kleine Quälgeist. Flüsternd tauschen wir uns noch ein wenig über den Tag aus. Plötzlich ruft es zwischen uns: »Pssst! Jetzt wird aber geschlafen!«

Meine Rede.

Kurz vor Mitternacht erschrecke ich. Irgendetwas stimmt hier nicht, denke ich und fühle einen starken Druck auf dem Brustkorb.

»Papa! Wasser, bitte!«, ruft mir Johanna aus einem Zentimeter Entfernung genau ins Ohr, während sie sich mit einer Hand auf meiner Brust abstützt. Ich hasse es, aus dem Tiefschlaf geweckt zu werden. Das ist die Schlafphase, die für den Körper die wichtigste Erholungszeit darstellt. Und gleichzeitig ist es die Schlafphase, aus der ich in den letzten Monaten regelmäßig immer wieder herausgerissen werde. Manchmal, wenn Johanna ihren Auftrag nicht direkt an jemanden richtet, schieben wir uns die Zuständigkeiten gegenseitig zu. Meist ruft Johanna: »Mama! Papa! Mama! Papa! Duhurst!«, und wir beide stellen uns schlafend. So lange, bis einer von uns entnervt aufsteht und losmarschiert. Wenn ich unser nächtliches Spielchen ein paar Tage zu oft hintereinander gewonnen habe, also länger erfolgreich reaktionslos liegen blieb, zischte Christin auch mal: »Willst du nicht aufstehen?« Von Wollen kann keine Rede sein! Was für eine Frage. Aber um des Hausfriedens willen ziehe ich dann los.

Johannas begeisterte Reaktion, wenn sie ihre Wasserflasche in die Hände bekommt, entschädigt tatsächlich ein paar Augenblicke für den nächtlichen Stress. Der nach dem erneuten Einschlafen natürlich noch immer nicht vorbei ist. Wenn Johanna schläft, dann schläft sie nicht auf einer Stelle mit dem Kopf nach oben und dem Rest des Körpers Richtung Fußende. Sie variiert ihre Schlafposition alle paar Minuten. Dabei dreht sie sich wie ein Kreisel, und nicht selten bekomme ich ihre Füße mitten ins Gesicht. Nicht langsam und sanft, sondern wie mit einem Gummihammer volles Rohr hinein. Oder ein Knie in die Nieren. Oder einen Zeh in die Nase. Oder eine Hand auf den Hals gepfeffert.

Gegen vier Uhr krabbelt mir ein Käfer ins Ohr. Das jedenfalls ist mein Traumfetzen, als ich aufwache. Doch schnell wird mir klar, dass hier kein Ohrenkneifer am Werk ist, sondern eine fiese kleine Ohrenkneiferin, die mir ihren Zeigefinger tief in den Gehörgang gesteckt hat. Als Johanna merkt, dass sie ihr Ziel erreicht hat, folgt das Unvermeidliche: »Wach, Papa? Flasche voll machen?«, flüstert sie mir ins feuchte Ohr.

Wieder trotte ich durchs Haus. Ich weiß nicht, warum, aber Johanna deckt mehr als die Hälfte des Flüssigkeitsbedarfs mitten in der Nacht. Tagsüber futtert und trinkt sie wie ein Grashüpfer, nachts wie ein Elefant.

Nachdem sie die Flasche leer getrunken hat, liegt sie neben mir. Unmittelbar neben mir. Zwischen uns passt kein Blatt mehr. Einerseits ist es toll, wenn Kinder mit ihren Eltern auf Kuschelkurs gehen und das Gefühl ihrer Geborgenheit demonstrieren, andererseits ist es kurz nach vier Uhr morgens, und ich bin noch immer so müde, dass ich eine ganze Woche am Stück schlafen könnte. Wir haben uns damals ein extra großes Bett gekauft, zwei mal zwei Meter, damit Christin und ich nachts unseren Freiraum haben. Nun liegt Johanna neben mir – und ich direkt am Rand des Bettes. Nix mit Bewegungsfreiheit. Hinter Christins Rücken liegen unendliche Weiten Schlafparadies, meine Tochter und ich hingegen quetschen uns auf knappe fünfzig Zentimeter. Sie ist längst wieder eingeschlafen. Ich aber habe Probleme. Bewegen will ich mich nicht, denn dann wird sie wieder wach. So versuche ich, meine Schlafposition halbwegs vernünftig einzurichten. Genauso gut könnte man einer Ölsardine in der Büchse sagen: So, jetzt breite mal deine

Flossen aus! Meine rechte Schulter liegt auf dem Nachtschränkchen. Mein Arm baumelt herunter. Nicht schön. Und äußerst unbequem. So kann ich nicht einschlafen. Die Idee: Ich stecke meinen Arm in das rechte Hosenbein meiner Boxershorts und klemme ihn damit fest. Klappt.

Gut zwanzig regungslose Minuten später habe ich es tatsächlich geschafft einzuschlafen. »Papaaa!«, dringt es zu mir durch.

»Was ist denn jetzt los, Johanna?«

»Papa, du heißt Mario?«

»Äh … ja.« Ich reibe mir die Augen und gähne ausgiebig. »Wie kommst du denn ausgerechnet jetzt darauf?«

»Mario?«

»Ja.«

»Mario?«

»Ja, Johanna. Aber jetzt schlaf bitte weiter!«

»Und Mama heißt Mama Richardt?«

»Nee. Die Mama heißt Christin.«

»Grinstin?«

»Christin.«

»Grinstin?« Johanna kugelt sich zu meiner Frau hinüber und fragt sie: »Mama, du heißt Grinstin?«

Den Rest bekomme ich nicht mehr mit. Ich bin in der Alles-ist-mir-egal-denn-ich-will-bitte-bitte-noch-ein-paar-Minuten-schlafen-Phase wieder weggeratzt. Augenblicklich verfalle ich in Tiefschlaf. Bis mir plötzlich ein Schnuller im Auge steckt. Ich schrecke hoch.

»Schnulli, Papa!«

»Was ist denn los, Johanna?«, jammere ich. »Es ist noch mitten in der Nacht!«

»Aufgewacht!«

Während ich mein linkes Auge vor Schmerzen reibe, werfe ich mit meinem noch funktionierenden rechten Auge einen Blick auf die Uhr. Halb sechs!

Genau zwölf Monate später: Johanna ist drei – und es ist immer noch genau so! Nachts haben wir einen Schlafgast. Jede! Einzelne! Nacht! Kann mir bitte jemand verraten, wann das aufhört? Ich will wieder allein … mit meiner Frau allein in unserem Bett schlafen! Ich will aufwachen, wenn mein Körper meint, die Ruhephase abgeschlossen zu haben! Mein Schlafrhythmus tanzt seit geraumer Zeit Lambada. Mitten in der Nacht liege ich da, träume von Urlaub in der Karibik und heißen … Doch dann verdunkelt ein riesiger Schatten den sonnigen Himmel. Da ist etwas über mir. Ich öffne meine Augen – und aus nicht mal zwanzig Zentimetern Entfernung glotzt mich Johanna an. Ich kann ihren Atem spüren. »Papa! Bist du wach?«

»Lass uns noch ein paar Minuten schlafen. Bitte! Noch fünf Minuten!«

Sie grübelt kurz, streckt mir ihre Hand entgegen und fächert alle Finger auf. »Sind das fünf Minuten?«, fragt sie wissbegierig.

»Ja. Das sind fünf Minuten.«

»Eins … zwei … drei … vier … fünf«, zählt sie im Sekundentakt, um anschließend zu rufen: »Ausgeschlafen! Aufstehen!«

»Das waren fünf Sekunden, Johanna. Bitte, noch ein paar Minuten!«, bettle ich sie an.

»Ausgeschlafen!«, bleibt sie hartnäckig. Ich versuche es mit einem ausgeklügelten Trick: »Komm, wir spielen ein kleines Spiel«, schlage ich vor, »wir legen uns noch mal hin und schließen die Augen. Und wer das am längsten schafft, hat gewonnen. Toll, oder?«

Nach zehn Sekunden Spielverlauf richtet sich Johanna wieder auf, schaut mich an, ohne eine Miene zu verziehen, und sagt: »Das Spiel kenne ich gar nicht.« Und dann singt sie: »Wackel, wackel Kuchen, der Wecker hat gerufen …«

Nee, eben nicht. Der Wecker ruft noch lange nicht!

»Auf dem Bauer, auf dem Bauer, sitzt 'ne kleine Wanze …«, intoniert Johanna und schwingt sich auf meinen Bauch.

Eine nervige Bettwanze. Ich werde noch wahnsinnig! Alles, wirklich alles würde ich für einmal Aus- und vor allem Durchschlafen geben: Mein Auto. Mein Haus. Meine Seele! Wobei ich wohl vorsichtig mit solchen Gedankenspielen sein sollte. Sonst kommt Luzifer um die Ecke gerauscht, reibt sich die Hände und flüstert diabolisch: »Abgemacht!« Und mit Sicherheit trüge er rosa Haarspangen.

EINSCHLAF-GEDANKEN

Wie soll man eine Sache überschlafen, die einem den Schlaf raubt?

Wenn mir Leute sagen: »Das wirst du schon morgen früh bereuen«, dann schlafe ich bis mittags. Weil ich ein Problemlöser bin.

Kennst du das? Du bist müde, die Augen fallen dir zu, dann gehst du ins Bett, und kaum liegst du, sagt dein Körper: »War nur ein Spaß!«

Früher konnte ich zwei Tage durchfeiern, heute könnte ich drei Tage durchschlafen.

Aufwachen. Zur Couch tapsen. Räkeln. Weiterschlafen. Ich wäre ein tolles Haustier.

Früh aufstehen ist der erste Schritt in die falsche Richtung!

Für die Einführung von bedingungslosem Grundschlaf würde ich sogar auf die Straße gehen ... aber frühestens mittags.

Nachts kann ich meistens nicht schlafen, weil die Gedanken so einen Lärm machen.

Wenn ich dafür gemacht wäre, munter aus dem Bett zu springen, würde ich im Toaster schlafen.

Ich will schlaflose Nächte mit dir, nicht wegen dir!

MARIA FRANKE

LADY SUNSHINE UND MISTER MOON

Kennen Sie diesen Hit aus Omas Zeiten? »Lady Sunshine und Mister Moon können gar nichts dagegen tun, dass sie am Himmel sich niemals trafen, denn wenn er aufsteht, dann geht sie schlafen …« Manchmal setzt sich dieser Schlager als Ohrwurm bei mir fest.

Die ehernen Gesetze des Himmels sind das eine, was in irdischen Sphären passiert, steht auf einem anderen Blatt. Ich habe meinen Mister Moon getroffen, mich in ihn verliebt, er sich in mich, wir sind ein Paar.

Mein Mister Moon ist eine klassische Nachteule. Ich selber bin die Lerche, die frühmorgens, ein Liedchen trällernd, aus dem Bett springt. Es muss nicht immer Schlager sein. Gern schmettere ich auch ein aufmunterndes »Verronnen die Nacht und der Morgen erwacht, rote Flotte mit Volldampf voraus, tatatataaa!« durch die Wohnung. Läuft mir Mister Moon, also mein Tom, zwischen Bad und Schlafzimmer über den Weg, wendet er sich mit Grausen ab, was nichts mit meinem Repertoire zu tun hat. Er verträgt zu solcher Uhrzeit weder Geräusch noch gute Laune. Während ich bei fröhlicher Radiomusik meinen Kaffee schlürfe und ins Büro aufbreche, setzt er seinen Weg fort, und der führt ihn ins Bett. Denn er hat bis in die frühen Morgenstunden am Computer gearbeitet, braucht jetzt seinen Schlaf und wacht auf keinen Fall vor vierzehn Uhr auf. Komme ich heim, will ich mit dem Tag – und mit Tom! – noch was anfangen. Kino, Ausstellung, Joggen, Shoppen, ins Café gehen, Freunde treffen, was auch immer. Tom muss, denn er hat sich ja gerade erst an den Schreibtisch gesetzt, seine Arbeit zu Ende bringen, und dann können wir auch was unternehmen. »Dann«, das heißt bei ihm: »Vielleicht so gegen Mitternacht.«

Ob wir Lerchen oder Nachteulen sind, das haben Schlafforscher herausgefunden, ist genetisch festgelegt.

In der Phase erster Verliebtheit haben wir versucht, die Genetik auszutricksen und für uns gemeinsame Zeit rauszuschlagen. Atemlos durch die Nacht – mit Tom war ich dafür bereit. Meine genetische Programmierung ließ mich allerdings auch nach eulenaktiver Nacht immer noch am frühen Morgen erwachen, nur die »rote Flotte« musste ohne meine musikalische Begleitung auslaufen, nicht mal ein schlichtes »Good day, Sunshine« kam über meine Lippen. Im Büro hockte ich wie ein gerupfter Vogel rum, bis mein Chef fragte, warum ich auf einmal so flügellahm sei.

Dann eben umgekehrt: Auch Tom war ja bereit, seinen Tagesablauf zu ändern. Zu gängiger Schlafenszeit kuschelten wir uns ins Bett, doch während ich in süße Träume entschwebte, wälzte Tom sich schlaflos von einer Seite auf die andere. Nahm er morgens am Schreibtisch Platz, bekam er trotz Dopings mit Kaffee und Energydrinks die Augen nicht weit genug auf, um überhaupt die Tastatur zu finden. Eine schwächelnde Eule, die der NABU sofort in eine seiner Pflege- und Auffangstation hätte aufnehmen müssen. Während ich wieder fröhlich und tatendurstig durch den Tag ging, wurde Tom immer schlechtgelaunter. Was sollten wir tun? Ich zwitscherte »Liebe fragt nicht, Liebe ist, so wie du bist«, und wir einigten uns darauf, den anderen inklusive seiner Schlafgewohnheiten zu akzeptieren.

Jetzt läuft es so:

Sind wir beispielsweise bei Freunden zu einer Party eingeladen, mache ich mich hübsch, bin freudig gespannt; er sitzt seelenruhig vorm Computer.

»Ach, so früh müssen wir da nicht hingehen. Stimmung kommt sowieso erst später auf.«

Mag sein, nur nicht bei mir.

Ich sage: »Aber gegen Mitternacht gehen wir.«

Es wird zehn, ehe wir überhaupt aus dem Haus kommen.

Die Party ist toll, trotzdem kriecht mir die Müdigkeit in die Knochen, und der Zeitpunkt, dass ich durch Worte oder Tanzeinlagen in Stimmung kommen könnte, ist längst überschritten. Mein Blick sagt ihm: »Lass uns jetzt gehen.« Sein Blick sagt mir: »Ja, ja, gleich!« Voller Elan reißt er das Gespräch oder die nächste Tanzpartnerin an sich. Mein zweiter Blick sagt ihm: »Du hast es aber versprochen!« Sein Blick sagt mir: »Nun übertreib mal nicht!« Mein dritter Blick: »Mir reicht es jetzt!« Er aber muss sich um den Getränkenachschub kümmern, sein Blick sagt: »Ich würde ja, aber du siehst doch, es geht nicht!« Ich schleiche davon, allein.

Und neulich erst: Ein romantisches Wochenende in einem Hotel in den Bergen – zu zweit. Am Frühstücksbüffet – ich allein. Ich hatte mir auf den Vormittag einen Beauty-Termin gelegt, denn ich weiß ja, wie es um Toms genetische Programmierung steht. Ich entschied dann, mir gleich noch die Gegend anzusehen, und spähte schon mal ein nettes Restaurant aus, in das wir am Abend gehen könnten. Die Sonne verzog sich gerade hinter die Berge, als wir das Hotelzimmer verließen; in der Dunkelheit fand ich leider das Lokal nicht mehr. Wir ließen den Abend romantisch vor der Minibar unseres Hotelzimmers ausklingen. Erst zu zweit, mit fortgeschrittener Stunde Tom allein.

Auch ein Abend zu Hause birgt so seine Probleme. Auf der Couch vor dem Fernseher wollen wir ihn verbringen, Nüsse knabbern, reden und irgendwas Interessantes gucken. Ich mache es mir gemütlich. Der Film ist vorbei, ich halte mich mühsam bei dem nun laufenden Politmagazin wach, und tatsächlich, beim Abspann lässt sich auch Tom auf die Couch fallen. Nicht nur das! Er ist jetzt richtig munter und legt los: »Diese Talkshow, die nach den Spätnachrichten beginnt, da kommt doch der, du weißt schon, da musst du mir mal sagen, wie du den findest. Und danach gibt es noch den Filmklassiker Sowieso, den müssen wir uns noch mal angucken.«

Noch bevor »Du weißt schon« in der Talkshow zum Zuge kommt, schlafe ich auf der Couch ein, und vor dem »Filmklassiker Sowieso« verabschiede ich mich ins Bett, was Tom mit einem »Was, jetzt schon?« kommentiert. Den Film wird er sich allein ansehen, und den nächsten vielleicht auch noch.

Dieser Schlager, von dem ich wissen wollte, ob Sie ihn kennen, ist ein elender Ohrwurm. Seit Tagen geht in meinem Kopf ausgerechnet diese Strophe um: »Lady Sunshine und Mister Moon können gar nichts dagegen tun, wenn sie auch träumen von einem Märchen, ein Pärchen werden sie nie.«

JOHANNES CONRAD

DIE NACHT, IN DER ES KLOPFTE

Nachts schreibe ich oft mit fanatischem Eifer. Dazu lasse ich das Radio laufen, rauche wie ein Schlot, lese mir meine Schöpfungen hin und wieder laut vor und jauchze oder verzweifle, je nachdem. Gegen drei gehe ich meistens schlafen. Morgens wirke ich zerquetscht wie ein Quartalsäufer, bin aber ein glücklicher Mensch.

Diesem glücklichen Menschen begegnen die Mieter mit Achtung und einem fröhlichen »Guten Tag!«. So hätte es bleiben können, wenn die schon etwas mit Kalk versetzte Fantasie der Frau Klabauschke nicht gewesen wäre.

Die alte Frau Klabauschke wohnt über uns. Sie hat dicke rote Apfelbacken, muntere Vogelaugen und erinnert an eine aus den zwanziger Jahren stammende Malzkaffeereklame, obwohl sie dauernd Melitta Auslese trinkt. Begegne ich ihr im Treppenflur, schluchzt die alte Frau Klabauschke: »Ümma auf die Beine, der lübe Mann!« Trifft sie meine süße Frau, seufzt sie: »Mehr pickan muss det kleine Frauenzümma!« Denn das Schönheitsideal der alten dicken Frau Klabauschke ist eine junge dicke Frau Klabauschke. Den Kindern schenkt sie altbackene, verschrumpelte Äpfel, die wie ein mariniertes Marzipan schmecken und noch aus Frau Klabauschkes Jugend stammen müssen.

Eines Tages erzählte mir meine Frau, die alte Frau Klabauschke hätte ihr erzählt, ich brülle meine fleißige Frau jede Nacht fürchterlich an. »Und um drei folgt immer die süße Versöhnung, dann wird's still, soll sie gesagt haben«, stöhnte meine Frau.

Jetzt wusste ich, warum mich die Mieter neuerdings so gemein lächelnd grüßten. Ich verfasste sofort ein scharf formuliertes Dementi und pinnte es neben die Briefkästen im Hausflur an die Wand.

Seitdem grüßte man mich wieder, wenn auch mit verlegenem Grinsen. Bis auf Frau Klabauschke. Die machte einen großen Bogen um mich. Und meine Frau wurde nicht mehr von Frau Klabauschke gegrüßt. Frau Krakowski wiederum wurde von Frau Klabauschke gemieden. Sonst war alles in Ordnung. Doch dann kam die Nacht, in der es klopfte … Es fing damit an, dass ich am Schreibtisch saß und über meine Zähne nachdachte, die mir in der letzten Zeit in der Gegend der Zahnhälse sehr zu schaffen machen. »Da müssen lauter kleine Füllungen rein«, dachte ich angewidert und stellte mir meine Zahnärztin vor, wie sie eben den Bohrer ansetzt. Dieser furchtbare Gedanke ließ mein Gesicht zur Grimasse erstarren. Als ich diese Miene im Taschenspiegel betrachten wollte, hörte ich plötzlich die Schlafzimmertür knarren. Ich begann am ganzen Körper zu zittern, obwohl ich wusste, dass es meine Frau war.

»Eben wollte ich ins Bett, Frau«, rief ich mit bebender Stimme, als sie die Tür öffnete.

»Ich werd verrückt!«, stöhnte sie. »Im Schlafzimmer klopft wer!«

»Hoppla!«, dachte ich erbleichend, denn nachts hat man seltsam geschärfte Sinne. Dann folgte ich meiner Frau ins Schlafzimmer. Lotti schlummerte im Kinderbett und schniebte. Wir lauschten fünf Minuten. Kein Klopfen! Ich sah unter die Betten, hinter die Vorhänge, in die Schränke, auf die Schränke, in die Lampenschirme, durch die Gardine. Mit mächtig geballter Faust, versteht sich! Keiner klopfte. »Hatschi!«, sagte meine Frau, und ich ging wieder an meine Arbeit.

»Die Pest in Florenz wütete schon sieben mal sieben Tage, als Peter Tepper und der Konsul Stefanili spielwütig zum Schachbrett schritten«, hatte ich gerade geschrieben, da öffnete sich knarrend die Tür. Mein Herz blieb stehen. »Pscht«, flüstere meine Frau, »jetzt klopft es wieder!«

Wir lauschten zehn Minuten. Nichts! Nur Lotti schniebte. Da plötzlich: »Poch! Pochpochpoch! Poch!« Ich erschauderte. Meine Frau nieste. Das Klopfen verstummte.

Plötzlich kam mir die Erleuchtung. »Ein Holzwurm, Frau, ein harmloses Holzwürmchen!«

»Hatschi!«, sagte meine Frau und kroch ins Bett. Eine Viertelstunde später war sie wieder im Wohnzimmer. Ich hatte schon darauf gewartet.

»Dieses Miststück macht mich rasend!«, klagte sie.

»Das ist ja lächerlich!«, rief ich und begab mich wütend ins Bett, um dieser Frau zu beweisen, dass man trotz einiger Klopfgeräusche schlafen kann. Ich ergriff ihre eiskalte Hand. »Jetzt schlafe, ich bin bei dir!« Da saß ich aber auch schon kerzengerade da. »Poch! Pochpochpoch! Poch!«

»Hatschi!«, sagte meine Frau. Das Klopfen verstummte. Ich knipste das Licht an. Meine Frau saß mit aufgerissenen Augen am Kopfende des Bettes. Lotti schniebte entsetzlich. Sie träumt immer so leidenschaftlich. Ich stürzte an meinen Schreibtisch und googelte. Meine Frau kam mir angstvoll nachgestürzt.

»Es ist ein Glasflüglerschmetterling, ein Bockkäfer. So ein Tierchen bohrt Gänge ins Holz, weiter nichts! So hat unser Holz wenigstens Gänge!«, beruhigte ich sie, und wir gingen frierend ins Bett.

Kaum hatte ich die schweren Augendeckel zugeklappt, begann es wieder zu dröhnen. Meine Frau wimmerte. Ich zählte Fettschwanzschafe.

Plötzlich dachte ich: »Der Totenwurm klopft!« Eine eiskalte Gänsehaut überzog mich. »Poch! Pochpochpoch! Poch!« Ich kroch zum Fußende des Bettes und lauschte mit angehaltenem Atem. Das Geräusch kam aus Lottis Bett, einem himmelblauen Kinderbett, noch von Frau Klabauschkes lieber Mutter aus der Deutschendemokratischen. Achtzig Mark hatte es gekostet.

Schlotternd knipste ich das Licht an und riss mein unschuldiges Kind aus der Holzwurmschaukel. Das Kind schniebte. Ich verstaute es in meinem Bett. Dann begann ich verbittert, Lottis Bett auseinanderzunehmen.

Es ist kaum vorstellbar, wie schwer sich ein Kinderbett aus der Ehemaligen nachts auseinandernehmen lässt! Kurz vor vier fiel mir ein Seitenteil gegen das linke Ohr. Ich brüllte unüberlegt auf. Meine Frau, die eben eingeschlafen war, schrie ebenfalls gellend. Lotti war sofort hellwach und krähte vor Freude. Fridtjof und Finn kamen aus dem Kinderzimmer gestürzt.

»Es ist nur ein Holzwürmchen in Lottis Bett!«, beruhigte ich sie.

Gegen vier Uhr dreißig entdeckte ich ein winziges Loch im Unterteil des Vorderteils und eilte in den Abstellraum, wo wir einen Insect-Shock-Spray zur Bekämpfung von Motten in Bereitschaft halten. Als ich zurückkam, lieferten sich die Kinder eine Kissenschlacht. Meine Frau lag apathisch im Bett und nieste. Plötzlich warf ein Kopfkissenquerschläger das Hinterteil des Kinderbettes auf Fridtjofs rechten Fuß. Fridtjof heulte nervenzerstörend und versetzte seinem Bruder, der darüber lachte, einen rechten Haken. Finn heulte noch nervenzerstörender. Meine Frau begann zu weinen. Lotti guckte mir zu. »Will hamm!«, stöhnte sie leidenschaftlich. Sie meinte den Holzwurm. Ich hielt die Sprühöffnung vor das Holzwurmloch und drückte ab.

»Mörder!«, dachte ich und sah das emsige Würmlein vor mir, wie es nun gleich daliegen würde mit seiner kleinen Spitzhacke: mausetot.

»Jetzt ist er kaputt!«, rief ich finster. Die Familie heulte weiter. Lotti begann ebenfalls zu heulen. In diesem Augenblick hämmerte jemand gegen die Wohnungstür.

»Sofort aufmachehn!«, schrie es.

Ich machte sofort auf.

Draußen standen Frau Klabauschke im Morgenrock, unser Nachbar aus der Etage unter uns in Schlafanzughosen, die Studentin aus dem Erdgeschoss in einem T-Shirt, das ihren Tatoos viel Raum ließ, um im Schummerlicht der langsam Fahrt aufnehmenden Energiesparlampen des Hausflurs zu changieren, und Frau Krakowski in einem Negligee, das aus der gleichen Produktionsphase wie unser Kinderbett zu stammen schien. Ein Komikerquartett!

Die Denunziantin Klabauschke wedelte, die Hände in den Taschen zu Fäusten geballt, triumphierend mit den Schößen ihres Morgenrocks und rief: »Na, wat hab ick jesacht?«

»Wönn düs noch ainmal vorkommen tut, wa, dann söhe üch mür laidör geswungön, bei der Polüßei Anßeige zu erstatten, sü tobsüchtügör Türann, woll!«, erklärte mir unser Nachbar, der sonst schrecklich berlinert und mich duzt.

»Genau«, trumpfte die Studentin auf, »wegen domestic Violence!«

Ich verzichtete auf jede Erklärung. Das mit dem Holzwurm hätte mir in der Situation nicht einmal ein Idiot geglaubt.

Seitdem hat meine Frau schon oft versucht, die alte Frau Klabauschke vom wahren Sachverhalt zu überzeugen. Frau Klabauschke hört sich alles geduldig an, dann nickt sie mild, lächelt wie eine dicke Mona Lisa und spricht: »Armet, dünnet Frauchen, nehmse ma noch 'n Stick Kuchen!«

Von allen Mietern wird meine Frau mit Freundlichkeiten überschüttet. Auch den Kindern geht es sehr gut.

Ich aber schweige wie ein Steinkoloss und schreibe nur noch traurige Gedichte, wenn ich nachts arbeite. Tagsüber ziehe ich meine einsame Straße durch den Treppenflur, und die Hausbewohner blicken mir schaudernd nach. »Da geht er«, flüstern sie sich zu, »da geht er, der Tyrann vom Prenzlauer Berg!«

GUTE NACHT!

Der Herr gibt's den Seinen im Schlaf. Ich wäre schon mit dem Schlaf allein zufrieden.

Liebes Gehirn, du musst nicht immer wach sein und die Gedanken kreisen lassen. Mach doch einfach mal eine Pause und lass die Beime baumeln.

Meine Schäfchen sind zu dick und versuchen verzweifelt, über den Zaun zu klettern.
Da muss ich lachen. Wieder nichts mit Einschlafen!

Wenn ich schlafe, geht es eigentlich mit der Müdigkeit.

Erst so lange schlafen, bis man hungrig ist. Und dann so lange essen, bis man wieder müde wird.

Manchmal wünsche ich mir, ich wäre so ein richtiges Tier im Bett. Zum Beispiel ein Koala, die schlafen 20 Stunden am Tag.

Ich möchte in einer Welt aufwachen, in der ich weiterschlafen kann.

Wecker geputzt. Zähne gekämmt. Kleider auf sieben Uhr gestellt. Gute Nacht!

QUICKIES

ISBN 978-3-359-01719-6

ISBN 978-3-359-01720-2

ISBN 978-3-359-01721-9

ISBN 978-3-359-01718-9

ISBN 978-3-359-01346-4

ISBN 978-3-359-01331-0

Eulenspiegel-Quickies – der Lesespaß für die Hosentasche, der Aufmunterer in Bus und Bahn, das Mitbringsel für liebe Freunde, die Mini-Lektüre vor dem Einschlafen

ISBN 978-3-359-01399-0

www.eulenspiegel.com

ISBN 978-3-359-01347-1

ISBN 978-3-359-01330-3

ISBN 978-3-359-01366-2

ISBN 978-3-359-01365-5

ISBN 978-3-359-01377-8

ISBN 978-3-359-01378-5

Quickies je Band:
64 Seiten, zweifarbig,
brosch., mit Abb.,
4,99 €

Bücher für jede Gelegenheit

Der Verlag dankt den Autoren und Rechtsinhabern für die Genehmigung zum Abdruck der Texte.
Horst Evers, Das Tuten,
aus: Horst Evers, Wäre ich du, würde ich mich lieben.

Die Texte von Johannes Conrad und Lothar Kusche wurden für diese Ausgabe redaktionell bearbeitet; der Text von Mario D. Richardt wurde gekürzt.

Eulenspiegel Verlag – eine Marke der
Eulenspiegel Verlagsgruppe Buchverlage

ISBN 978-3-359-01398-3

1. Auflage 2019

Umschlaggestaltung: Verlag, Karoline Grunske,
unter Verwendung eines Cartoons von BECK
Printed in EU

www.eulenspiegel.com